Beweglichkeitstestung, Beweglichkeitstraining und Koordinationstraining zur Erhöhung der allgemeinen Fitness

Marie-Louis Ebert

Bibliografische Information der Deutschen Nationalbibliothek:

Die Deutsche Nationalbibliothek verzeichnet diese Publikation in der Deutschen Nationalbibliografie; detaillierte bibliografische Daten sind im Internet über http://dnb.d-nb.de abrufbar.

ISBN: 9783346782410
Dieses Buch ist auch als E-Book erhältlich.

Druck und Bindung: Books on Demand GmbH, Norderstedt Germany
Gedruckt auf säurefreiem Papier aus verantwortungsvollen Quellen

Das vorliegende Werk wurde sorgfältig erarbeitet. Dennoch übernehmen Autoren und Verlag für die Richtigkeit von Angaben, Hinweisen, Links und Ratschlägen sowie eventuelle Druckfehler keine Haftung.

Das Buch bei GRIN: https://www.grin.com/document/1308634

Deutsche Hochschule für
Prävention und Gesundheitsmanagement
Hermann-Neuberger-Sportschule 3
66123 Saarbrücken

Hausarbeit

Name, Vorname	Ebert, Marie-Louis
Studiengang	Bachelor of Arts - Gesundheitsmanagement
Studienmodul	Trainingslehre III
Datum Präsenzphase (siehe Ergebnisdokumentation)	06.09.-08.09.2021

Inhaltsverzeichnis

1 Personendaten

Die folgende Tabelle stellt die allgemeinen und gesundheitlichen Daten der Testperson (TP) dar.

Tab. 1: Angaben allgemeiner und biometrischer Daten der Testperson

Alter	24 Jahre
Geschlecht	weiblich
Körpergröße	1,73m
Körpergewicht	64kg
Trainingsmotive	allgemeine Fitness, Gleichgewicht stabilisieren, Dehnung ergänzend zu monotonem Krafttraining verbessern
berufliche Tätigkeit	Sachbearbeiterin in der Polizeizentrale
aktuelle und frühere sportliche Aktivitäten	5.-12. Lebensjahr 3mal pro Woche à 2h Tanzen auf Leistungssportniveau; 10.-19. Lebensjahr 3mal die Woche à 2h Schwimmen im Leistungssport; derzeit 3-6h Fitnessstudio pro Woche
Leistungsstufe	geübt
Trainingsumfang	Ganzkörper
zeitlicher Verfügungsrahmen	6-7 Stunden wöchentlich
Blutdruck	Gemessen: 123mmHg/82mmHg Optimal: <120/80 Normal: 120-129/80-84 Hypertonie I: 140-159/90-99 Hypertonie II: 160-179/100-109 Hypertonie III: >180/>110
Ruhepuls	Gemessen: 62 Schläge/Minute Normal: 60-80 Schläge/Minute Langsam: < 60 Schläge/Minute Schnell: > 80 Schläge/Minute
orthopädische und internistische Probleme	keine
ärztliche Behandlungen	keine
Einnahme von Medikamenten	keine
sonstige gesundheitliche Einschränkungen	keine

Die in der Tabelle angegebenen Personendaten zeigen, dass die TP körperlich gesund ist und somit ohne zu beachtende Einschränkungen trainieren kann. Blutdruck und Ruhepuls entsprechen den Normwerten. Des Weiteren kann man davon ausgehen, dass die TP durch damalige sportliche Aktivitäten, wie Schwimmen und Tanzen, ein gewisses Körpergefühl mit sich bringt. Vor allem mit dem Augenmerk auf das Tanzen kann geschlussfolgert werden, dass eine gewisse Dehnbarkeit vorhanden sein könnte; zu berücksichtigen ist hier jedoch, dass das regelmäßige Tanztraining bereits 12 Jahre zurückliegt. Die Ziele des Beweglichkeitstrainings werden vorausschauend auf die persönlichen Ziele der TP bezogen sein. Durch die derzeit durchgeführten Aktivitäten, Krafttraining im Fitnessstudio, werden u.a. grundlegende Punkte des Krafttrainings wie Muskelwachstum, Regenerationsfähigkeit oder Muskelfaserrekrutierung erfüllt. Aufgrund des Alters kann bei der TPx davon ausgegangen werden, dass sie keine Alterseinschränkungen mit sich bringt und daher voll belastbar ist. Schlussfolgernd kann man die TP als „geübt" einstufen; eine Steigerung ist in jeglicher Hinsicht definitiv möglich.

2 Beweglichkeitstestung

2.1 Testdurchführung

In der aufgeführten Tabelle wird die genaue Testdurchführung jeder Übung, sowie deren Norm- bzw. Richtwerte und Testergebnisse dargestellt.

Tab. 2: Manueller Beweglichkeitstest (modifiziert nach Janda, 2000)

	Zu testende Muskelgruppe	Testdurchführung	Kriterien der Testauswertung	Erreichte Stufe
1.	M. pectoralis major	Die TP wird mit dem Rücken auf die Behandlungsliege platziert. Um eine Fehlhaltung im Lendenwirbelsäulenbereich zu verhindert, winkelt die TP zusätzlich ihre Beine an. Dadurch wird das Becken aufgerichtet und der Rücken liegt komplett auf der Behandlungsliege. Um eine zusätzliche Stabilisation zu garantieren,	Stufe 0: Der Oberarm erreicht die Horizontale und kann durch den leicht ausgeübten Druck des Testers unter die Horizontale bewegt werden.	Stufe 0

		soll die TP bewusst der Bauch anspannen. Um den Thorax zu fixieren, legt der Tester seine Hand flach auf den Brustmuskel, Fingerspitzen zeigen in Richtung des Schultergelenks. Dieses liegt exakt am seitlichen Rand der Liege. Der zu testende Arm wird nun angewinkelt: der Arm befindet sich im Schultergelenk abduziert und außenrotiert, das Ellenbogengelenk befindet sich im 90°, die Handfläche zeigt nach oben. Als Messbereich gilt die Position es Oberarms zur Horizontalen.	Stufe 1: Der Oberarm erreicht nicht die Horizontale, kann jedoch durch den leichten Druck der Testperson in die gewünschte Horizontale bewegt werden. Stufe 2: Der Oberarm erreicht nicht die Horizontale und kann auch nicht durch den Druck des Testers bewegt werden.	
2.	M. iliopsoas	Die TP wird mit dem Rücken auf die Behandlungsliege platziert und liegt knapp über den unteren Rand, sodass das Gesäß noch vollständig aufliegt und die Beine locker über die Liegenkante nach unten hängen. Um das Becken maximal aufzurichten, greift die Testperson ein Bein unterhalb des Knies und sieht es so weit wie möglich zum Körper heran. Sollte die Testperson dabei Schwierigkeiten haben, kann der Tester helfen. Das andere Bein hängt weiterhin locker nach unten. Als Messbereich gilt die Position des Oberschenkels zur aufliegenden Körperlängenachse.	Stufe 0: Der Oberschenkel erreicht die Horizontale und kann durch den leichten Druck des Testers unter die Horizontale bewegt werden. Stufe 1: Der Oberschenkel erreicht die Horizontale nicht. Führt der Tester jedoch einen leichten Druck aus, so wird der Oberschenkel in die Horizontale bewegt. Stufe 2: Der Oberschenkel erreicht nicht die Horizontale, auch nicht mit Hilfe des Drucks von Seiten des Testers.	Stufe 0
3.	M. rectus femoris	Die TP wird mit dem Rücken auf die Behandlungsliege platziert und liegt knapp über den unteren Rand, sodass das Gesäß noch vollständig aufliegt und die Beine locker über die Liegenkante nach unten hängen. Um das Becken maximal aufzurichten, greift die Testperson ein Bein	Stufe 0: Der Unterschenkel hängt senkrecht herab. Der Tester kann durch einen leichten Druck die Beugung im Knie vergrößern. Stufe 1: Der Unterschenkel hängt leicht herab.	Stufe 0

		unterhalb des Knies und sieht es so weit wie möglich zum Körper heran. Um das zu testende Bein in der maximal möglichen Hüftextension zu fixieren, drückt der Tester leicht das Knie nach unten. Hierbei legt er eine flache Hand auf die obere Hälfte des Gelenks. Damit sich das Bein in einen maximal möglichen Kniebeugewinkel bewegt, übt der Tester einen leichten Druck auf das Schienbein aus.	Erst du den leichten Druck des Testers erreicht das Knie 90° im Kniegelenk. Stufe 2: Der Unterschenkel ist sichtbar nach vorne gestreckt. Die 90° im Kniegelenk werden auch durch den Druck des Testers nicht erreicht.	
4.	Mm. Ischiocrurales	Die TP platziert sich mit dem Rücken auf der Behandlungsmatte. Um eine Fehlhaltung im Lendenwirbelsäulenbereich zu verhindert, winkelt die TP zusätzlich ihre Beine an. Dadurch wird das Becken aufgerichtet und der Rücken liegt komplett auf der Behandlungsliege. Um eine zusätzliche Stabilisation zu garantieren, soll die TP bewusst der Bauch anspannen. Das zu testende Bein wird nun durchgestreckt und vom Tester in die maximal mögliche Hüftflexion geführt. Hierbei wird als Messbereich der Hüftbeugerwinkel des durchgestreckten Beines genommen.	Stufe 0: Die Hüftflexion im Ausmaß von 90° ist möglich. Stufe 1: Die Hüftflexion ist im Ausmaß von 80°-90° möglich. Stufe 2: Die Hüftflexion ist nur unter 80° möglich.	Stufe 0
5.	Mm. Triceps surae		Stufe 0: Die Dorsalextension ist bis 0° möglich. Stufe 1: Eine Dorsalextension ist möglich, allerdings werden die 0° nicht ganz erreicht. Stufe 2: Die Dorsalextension ist nur bis 10° unter 0°-Stellung möglich.	Stufe 0

2.2 Bewertung

Die allgemeine Beweglichkeit wird von endogenen und exogenen Faktoren beeinflusst. Hierbei beinhaltet der endogene Faktor die mechanische Beweglichkeit, sprich Gelenkigkeit, sowie die Dehnfähigkeit des tendomuskulären Systems, also Gelenkkapseln, Sehnen, Bänder und Muskulatur. Nicht zu vergessen sind auch die exogenen Faktoren wie z.B. Tageszeit, Kräfte durch externe Personen oder Außentemperatur. (Hottenrott, K. & Hoos, O. (2013). Sportmotorische Fähigkeiten und sportlichen Leistungen - Trainingswissenschaft. In Güllich, A. & Krüger, M. (Hrsg.), *Beweglichkeit und Beweglichkeitstraining*. Berlin, Heidelberg: Springer-Verlag, S. 480-483).

Durch die Durchführung des manuellen Beweglichkeitstests nach Janda (2000) kann man direkt sagen, dass die TP die geforderten Kriterien erfüllt und somit eine sehr gute Beweglichkeit besitzt. Durch sieben Jahre Tanzsport ist eine hohe Beweglichkeitsgrundlage gegeben. Dennoch sollte die Beweglichkeit durch ein Training gezielt gefestigt und eventuell noch weiter ausgebaut werden.

3 Beweglichkeitstraining

3.1 Trainingsplanung

Tab. 3: Beweglichkeitstraining der TP

	Zielmuskulatur	Bewegungsbeschreibung	Dehnmethoden und Belastungsgefüge
1.	M. triceps surae	- sitzende Position auf Sportmatte - Beine werden durchgestreckt - die Zehen werden zum Oberkörper herangezogen, bis Dehnung im Wadenmuskel zu spüren ist - es entsteht eine Dorsalextension im Fußgelenk	Dehnmethode: aktiv statisch Sätze: 3 Dehndauer: 30 Sek. Intensität: bis maximales Dehnempfinden
2.	M. biceps femoris	- sitzende Position auf Sportmatte - Beine werden durchgestreckt - Finger müssen zu den Zehen geführt werden, indem sich der Oberkörper nach vorne lehnt - es entsteht eine Flexion im Hüftgelenk	Dehnmethode: passiv statisch Sätze: 3 Dehndauer: 30 Sek.

			Intensität: bis maximale Beweglichkeitsreich- weite erreicht ist
3.	M. quadriceps femoris	- mit beiden Füßen auf den Boden stellen - rechten Oberschenkel nach hinten führen und Ferse mit beiden Händen greifen - Ferse zum Gesäß ziehen - es entsteht eine Flexion im Kniegelenk	Dehnmethode: passiv statisch Sätze: 3 Dehndauer: 45 Sek. pro Seite Intensität: bis maximales Dehnempfinden
4.	M. rectus femo- ris	- mit beiden Füßen auf den Boden stellen - rechten Oberschenkel nach hinten führen und Ferse mit beiden Händen greifen - Ferse zum Gesäß ziehen - rechtes Knie muss auf einer Höhe mit dem linken Knie gehalten werden - Becken leicht nach vorne schieben, um Dehnung im vorderen Oberschenkel zu in- tensivieren	Dehnmethode: aktiv sta- tisch Sätze: 3 Dehndauer: 45 Sek. pro Seite Intensität: bis maximales Dehnempfinden
5.	M. gluteus ma- ximus	- mit beiden Füßen auf Boden stellen - rechtes Knie anheben und durch Hände zum aufrechten Oberkörper ziehen - es entsteht eine Flexion im Hüftgelenk - nach Halten Seitenwechsel	Dehnmethode: passiv statisch Sätze: 3 Dehndauer: 45 Sek. Intensität: bis maximales Dehnempfinden
6.	M. aducctor	- mit beiden Füßen auf Boden stellen - breite Grätsche einnehmen, Füße stehen dabei parallel zueinander - Gewichtsverlagerung auf das rechte Bein - rechtes Knie wird automatisch gebeugt - linkes Bein bleibt durchgestreckt - leicht auf und ab wippen - nach Halten Seite wechseln	Dehnmethode: passiv dynamisch Sätze: 3 Dehndauer: 30 Sek. pro Seite Intensität: weiche Deh- nung
7.	M. rectus abdo- minis	- auf den Bauch legen - Beine und Füße sind ausgestreckt - mit Händen Oberkörper aufrichten, Arme sind am Ende durchgestreckt - soweit aufrichten, bis Dehnung zu spüren ist - Becken bleibt dabei dauerhaft am Boden	Dehnmethode: passiv statisch Sätze: 3 Dehndauer: 30 Sek. Intensität: bis maximales Dehnempfinden
8.	M. externus ab- dominis	- auf den Rücken legen	Dehnmethode: passiv statisch

		- Beine in einen 90°-Winkel zur Hüfte anwinkeln - Arme und Schultern sind auf Boden fixiert - angewinkelte Beine seitlich auf Boden ablegen, dabei bleiben Schultern und seitliche Knie durch Körperspannung auf Boden	Sätze: 3 Dehndauer: 30 Sek. Intensität: bis maximales Dehnempfinden
9.	M. pectoralis major	- stehende Position wird eingenommen - Arme werden seitlich auf Schulterhöhe angehoben und nach hinten gezogen - obere Rückenmuskulatur ist unter Spannung - leichte wippende Bewegung reinbringen	Dehnmethode: aktiv dynamisch Sätze: 3 Dehndauer: 45 Sek. Intensität: weiche Dehnung
10.	M. biceps femoris	- auf den Rücken legen - Beine parallel gestreckt auf Boden legen - externe Person hebt rechtes Bein an und drückt es langsam zum Oberkörper der TP bis Dehngrenze erreicht ist - Dehnung statisch für 45 Sek. halten - TP spannt danach gegen Spannungsquelle, während externe Person dem entgegenhält - nach 10 Sek. Spannung lösen - externe Person erhöht direkt nach lösen der Spannung den Dehnungsgrad	Dehnmethode: postisometrisch Sätze: 3 Dehndauer: gesamt 55 Sek. Intensität: bis maximales Dehnempfinden

3.2 Begründung

Das Dehntraining für die TP ist so ausgelegt, dass der gesamte Körper gedehnt wird. Um es so erfahrbar wie möglich zu machen, wird von unten nach oben gedehnt. Im gesamten werden auch alle drei große Gelenksysteme Schulter, Hüfte und Wirbelsäule, welche durch die allgemeine Beweglichkeit gekennzeichnet werden (Hottenrott & Hoos, 2013, S. 480). Die TP wünscht sich das Dehntraining ergänzend zu ihrem bereits vorhandenen Krafttraining. Dies ist vor allem daher vom Vorteil, da ein Dehntraining immer sportspezifisch, individuell und zielorientiert durchgeführt werden sollte. Das Dehntraining bringt den Vorteil mit sich, dass ergänzend zum allgemeinen Krafttraining einem zu großen Widerstand, aufgrund zu geringer Dehnfähigkeit der Gelenkbewegung, entgegengewirkt werden kann (Hottenrott & Hoos, 2013, S. 482). Die Durchführung dieser Trainingsform bringt zudem eine Erhöhung der tendomuskulären Dehnfähigkeit und eine Verbesserung der allgemeinen Beweglichkeit mit sich (Hottenrott & Hoos, 2013, S. 481). Die angewandten Dehnungsmethoden beinhalten u.a. die passiv-dynamische und passiv-statische Dehnung. Aus einer Vergrößerung und Verkleinerung der Gelenkwinkel entsteht bei der passiv-dynamischen Methode ein rhythmischer Wechsel. Im Vergleich dazu wird bei der passiv-statischen Methode eine maximale Dehnungsposition gehalten. Somit ergibt sich allgemein bei der passiven Dehnung ein Nachteil, welcher aus der fehlenden Kräftigung der Antagonisten besteht (Hottenrott & Hoos, 2013, S. 482). Um dies zu verhindern, wurde im Trainingsplan der TP auch die aktive Dehnmethode eingebaut. Diese wird ebenfalls in statisch und dynamisch unterteilt. Bei einer aktiv-dynamische Dehnung werden Federbewegungen durchgeführt, welche der Grund für einen starken Dehnreiz sind. Für einen nicht so starken Dehnungsreiz sorgt wiederum die aktiv-statische Dehnung. Das hängt damit zusammen, dass über die isometrische Kontraktion der Antagonisten der zu dehnenden Muskulatur gedehnt wird. Dennoch bringt die aktive Dehnung die Kräftigung der Antagonisten als Vorteil mit sich (Hottenrott & Hoos, 2013, S. 482). Somit haben wir ein Gleichgewicht der anzuwendenden Dehnmethoden geschaffen und können ein optimales Dehntraining für die TP garantieren.

4 Koordinationstraining

4.1 Trainingsplanung

Die hier aufgeführte Tabelle zeigt das, speziell für die TP ausgewählte, Koordinationstraining.

Tab. 4: Koordinationstraining der TP

	Durchführung	Hilfsmittel/Kleingeräte	Belastungsgefüge
1.	- einen ebenen Boden suchen - auf linkes Bein stellen - rechtes Bein wird in 90 Grad-Winkel angehoben und komplett durchgestreckt - Oberkörper (OK) darf beim Halten nicht nach hinten fallen - nachdem Übung gehalten wurde Beinwechsel	keine	Satzanzahl: 3 Belastungsdauer: 30 Sek., 10 Sek. Pause Wiederholungen: 5 pro Seite

2.	- auf dem ebenen Boden auf das linke Bein stellen - rechtes Bein wird auf 90 Grad-Winkel angewinkelt und durchgestreckt - danach die Augen schließen und Übungen halten - der OK darf beim Halten nicht nach hinten fallen - nach Halten der Übung Beinwechsel	keine	Satzanzahl: 3 Belastungs-dauer: 30 Sek., 10 Sek. Pausen Wiederholun-gen: 5 pro Seite
3.	- mit beiden Füßen auf Balance-Ball stellen - nur auf linkes Bein stellen - rechtes Bein auf einen 90 Grad-Winkel anheben und durchstrecken - weiterhin Oberkörper unter Kontrolle halten - danach Beinwechsel	Balance-Ball	Satzanzahl: 3 Belastungs-dauer: 30 Sek., 15 Sek. Pausen Wiederholun-gen: 5 pro Seite
4.	- mit beiden Füßen auf Balance-Ball stellen - nur auf linkes Bein stellen - rechtes Bein auf einen 90 Grad-Winkel anheben und durchstrecken - Augen schließen und Übung halten - danach Beinwechsel	Balance-Ball	Satzanzahl: 3 Belastungs-dauer: 30 Sek., 20 Sek. Pausen Wiederholun-gen: 5 pro Seite
5.	- mit beiden Füßen auf Balance-Ball stellen - nur auf linkes Bein stellen - rechtes Bein auf einen 90 Grad-Winkel anheben und durchstrecken - Augen schließen und 10 Sek. Position halten - angehobenes Bein über 10 Sek. langsam nach hinten strecken, Becken bleibt gerade; Standwaage 10 Sek. halten - danach Beinwechsel	Balance-Ball	Satzanzahl: 3 Belastungs-dauer: insge-samt 30 Sek., 15 Sek. Pausen Wiederholun-gen: 5 pro Seite
6.	- mit beiden Füßen auf Balance-Ball stellen - nur auf linkes Bein stellen - rechtes Bein auf einen 90 Grad-Winkel anheben und durchstrecken - Augen langsam schließen - angehobenes Bein langsam nach hinten strecken, Standwaage 3 Sek. halten - Bein wieder nach vorne führen und Augen öffnen - externe Person zeigt eine Karte, auf der eine Farbe als Wort (z.B blau) steht, jedoch in einer anderen Farbe (z.B. grün) – blau - direkt nach öffnen der Augen muss die in Schrift stehende Farbe genannt werden - danach wieder Augen schließen und Bein durch-gestreckt nach hinten führen	Balance-Ball, Karten mit Farbe als Wort und in einer ande-ren Text-farbe	Satzanzahl: 3 Belastungs-dauer: 30 Sek., 15 Sek. Pausen Wiederholun-gen: 5 pro Seite

	- dies wird mit weiteren Karten durchgeführt		
7.	- mit beiden Füßen auf Balance-Ball stellen - nur auf linkes Bein stellen - rechtes Bein auf einen 90 Grad-Winkel anheben und durchstrecken - Augen schließen - angehobenes Bein langsam nach hinten strecken, Standwaage 3 Sek. halten - Bein wieder nach vorne führen und Augen öffnen - externe Person zeigt eine Karte, auf der eine Farbe als Wort (z.B blau) steht, jedoch in einer anderen Farbe (z.B. grün) – blau - direkt nach öffnen der Augen muss die Farbe genannt werden (bei obenstehendem Beispiel wäre es grün) - danach wieder Augen schließen und Bein durchgestreckt nach führen hinten - mehrmalige Wiederholung mit weiteren Karten	Balance-Ball, Karten mit Farbe als Wort und in einer anderen Textfarbe	Satzanzahl: 3 Belastungsdauer: 30 Sek., 15 Sek. Pausen Wiederholungen: 5 pro Seite
8.	- mit beiden Füßen auf Balance-Ball stellen - drei kleine Sandsäckchen in der Hand halten - die drei Hula-Hoop-Reifen werden hintereinander und mit 2m Abstand zueinander auf einer Linie vor der Person auf den Boden gelegt - Person stellt sich nur auf linkes Bein stellen - rechtes Bein auf einen 90 Grad-Winkel anheben und durchstrecken - Augen schließen - angehobenes Bein langsam nach hinten strecken, Standwaage kurz halten - Bein wieder nach vorne führen und Augen öffnen - ersten Säckchen muss in den am nächsten liegenden Hula-Hoop-Reifen geworfen werden - danach werden Augen wieder geschlossen und Bein nach hinten in Standwaage geführt - Ziel ist es, dass alle Säckchen in einem Hula-Hoop landen	Balance-Ball, drei Sandsäckchen, drei Hula-Hoop-Reifen	Satzanzahl: 3 Belastungsdauer: 45 Sek., 15 Sek. Pausen Wiederholungen: 3 pro Seite
9.	- mit beiden Füßen auf Balance-Ball stellen - drei kleine Sandsäckchen in der Hand halten - die drei Hula-Hoop-Reifen werden hintereinander und mit 2m Abstand zueinander auf einer Linie vor der Person auf den Boden gelegt - Person stellt sich nur auf linkes Bein stellen	Balance-Ball, drei Sandsäckchen,	Satzanzahl: 3 Belastungsdauer: 45 Sek., 20. Sek. Pausen Wiederholungen: 3 pro Seite

	-	rechtes Bein auf einen 90 Grad-Winkel anheben und durchstrecken	drei Hula-Hoop-Rei-	
	-	Augen schließen	fen,	
	-	angehobenes Bein langsam nach hinten strecken, Standwaage kurz halten	Karten mit Farbe als	
	-	Bein wieder nach vorne führen und Augen öffnen	Wort und in	
	-	externe Person zeigt wieder eine der Karten, auf der eine Farbe als Wort (z.B blau) steht, jedoch in einer anderen Farbe (z.B. grün) – blau	einer ande-ren Text-farbe	
	-	direkt nach öffnen der Augen muss die in Schrift stehende Farbe genannt werden und währenddes-sen das erste Säckchen in den am nächsten lie-genden Hula-Hoop-Reifen geworfen werden		
	-	danach werden Augen wieder geschlossen und Bein nach hinten in Standwaage geführt		
	-	Ziel ist es, dass alle Säckchen in einem Hula-Hoop landen		
10.	-	mit beiden Füßen auf Balance-Ball stellen	Balance-Ball,	Satzanzahl: 3
	-	drei kleine Sandsäckchen in der Hand halten		Belastungs-
	-	die drei Hula-Hoop-Reifen werden hintereinander und mit 2m Abstand zueinander auf einer Linie vor der Person auf den Boden gelegt	drei Sand-säckchen,	dauer: 35 Sek., 20 Sek. Pausen
	-	Person stellt sich nur auf linkes Bein stellen	drei Hula-	Wiederholun-
	-	rechtes Bein auf einen 90 Grad-Winkel anheben und durchstrecken	Hoop-Rei-fen,	gen: 3 pro Seite
	-	Augen schließen	Karten mit	
	-	angehobenes Bein langsam nach hinten strecken, Standwaage kurz halten	Farbe als Wort und in	
	-	Bein wieder nach vorne führen und Augen öffnen	einer ande-	
	-	externe Person zeigt wieder eine der Karten, auf der eine Farbe als Wort (z.B blau) steht, jedoch in einer anderen Farbe (z.B. grün) – blau	ren Text-farbe	
	-	direkt nach öffnen der Augen muss die zu sehende Farbe genannt werden und währenddessen das erste Säckchen in den am nächsten liegenden Hula-Hoop-Reifen geworfen werden		
	-	danach werden Augen wieder geschlossen und Bein nach hinten in Standwaage geführt		
	-	Ziel ist es, dass alle Säckchen in einem Hula-Hoop landen		

4.2 Begründung

Das aktive Schwimmen über neun Jahre fordert durch die Schwimmstile auch Koordination, daher hat die TP auch in dieser Hinsicht eine gewisse Erfahrung und über längere Zeit ein Koordinationstraining durchgeführt. Da koordinative Fähigkeiten grundlegend eine Voraussetzungsfunktion für die Entwicklung und Leistungsausprägung von Kraft, Schnelligkeit, Beweglichkeit und Ausdauer mit sich bringt, wird die TP direkt mit anspruchsvolleren Übungssteigerungen gefordert (Hottenrott & Hoos, 2013, S. 483). Die ausgewählten zehn Koordinationsübungen werden alle im Einbeinstand durchgeführt. Grundlegend wird mit einer leichten Gleichgewichtsübung gestartet. Alle Übungen werden in Socken durchgeführt, da Sportschuhe zu sehr das Sprunggelenk in seiner Arbeit, das Gleichgewicht zu halten, entlasten würden. Dadurch wird von Anfang an auf die Arbeit der kleinen Muskulatur gesetzt und der Schwierigkeitsgrad höher angesetzt. Die ersten zwei Übungen werden als Grundlage genutzt, um die TP auf die Anforderungen vorzubereiten und durch mehrere Wiederholungen Stabilisation in das Sprunggelenk zu bringen. Der Balance-Ball wird ab der dritten Übung als Kleingerät mit eingeführt. Somit muss das Gleichgewicht dauerhaft gehalten werden. Je nach Stabilisation im Sprunggelenk kann das Training nach dieser Übung bereits abgebrochen werden. Die darauf aufbauenden Übungen bringen Steigerungen in Form von Körperkontrolle, Bewegungskontrolle, Didaktik und selbstverständlich Koordination mit sich. Dies hat den Grund, dass generell anspruchsvolle koordinative Bewegungen zum einen eine allgemeine Aktivierung des Zentralnervensystems, und zum anderen eine Aktivierung der an den motorischen Steuer- und Regelabläufen direkt beteiligten Hirnregionen bewirken (Hottenrott & Hoos, 2013, S. 483). Übungen neun uns zehn beinhalten eine finale Steigerung, welche auch mit der inneren Ruhe der TP spielt. Statt zusätzliche Hilfsmittel, Kleingeräte und Denksportaufgaben einzubauen, muss die TP die gleiche Ausführung wie in Übung neun absolvieren; jedoch wird die Belastungsdauer um zehn Sekunden gekürzt. Ein zusätzlicher Zeitdruck spielt mit der fließenden Koordination und Durchführung der Übung. Ein erfolgreiches Absolvieren der Übung zehn belegt, dass die TP ihre Koordination verbessert hat und ihr Gleichgewicht unter Kontrolle hat.

5 Literaturrecherche

Die aufgeführte Tabelle stellt einen Studienvergleich zur Thematik „Effekte des Dehnens im Hinblick auf eine Verbesserung der sportlichen Leistungsfähigkeit" dar.

Tab. 5: Literaturrecherche zweier Studien

	„Effects of static stretching on 1-mile uphill run performance"	„The acute effects of different stretching exercises on jump performance"
Quellenverweis	Lowery, R. P., Joy, J. M., Brown, L. E., Oliveira de Souza, E., Wistocki, D. R., Davis, G. S., Naimo, M. A., Zito, G. A & Wilson, J. M. (2014)	Pacheco, L., Balius, R., Aliste, L., Pujol, M. & Pedret, C. (2011)
Durchführende Personen	Lowery, Joy, Brown, Oliveira de Souza, Wistocki, Davis, Naimo, Zito & Wilson (keine genauen Angaben)	Joaquim Blume Institut für Hochschulbildung
Publikationsjahr	2014	2011
Forschungsfrage	Welche Auswirkungen hat die statische Dehnung auf die Leistung beim 1-Milen-Lauf bergauf, Elektromyographie (EMG), Bodenkontaktzeit (GCT) und Flexibilität?	Welche kurzfristigen Auswirkungen haben verschiedene Dehnübungen während der Aufwärmphase auf die Explosivkraft?
Versuchspersonen	- 10 Männer - Alter: 24 ± 5 Jahre - alle sind ausgebildete Langstreckenläufer - durchschnittlichen VO2max von 64,9 ± 6,5 ml/kg/min	- 49 Personen (14 Frauen und 35 Männer) - Durchschnittsalter: 20,4 Jahre - alle Probanden waren körperlich aktiv (zw. 15-20h körperliche Aktivität pro Woche)
Versuchsaufbau	- mit Abstand von 72h meldeten sich die Probanden an 3 Tagen im Labor - Tag 1: Messung auf motorbetriebenes Laufband von Anthropometrie und VO2max - Tag 2 & 3: 5-minütiges Aufwärmen auf Laufband; danach entweder 6 Unterkörperdehnungen über 30 Sekunden oder 10 Minuten stillsitzen - Strecke: 1 Meile (1,61km) - festgelegte Steigung: 5% - Probanden mussten so schnell wie möglich rennen, bis 1 Meile erreicht war - EMG, GCT und Flexibilität wurden, bestimmt durch die Zeit des Laufes, nach jeder Bedingung aufgezeichnet	- Test beinhaltete: (Pre-)Jump-Test, allg. Aufwärmen, Intervention und (Post-)Jump-Test - 5 Interventionen: kein Dehnen [NS] und Dehnen, statisch passives Dehnen [P], propriozeptive neuromuskuläre Moderationstechniken [PNF], statisches aktives Dehnen in passiver Spannung [PT] und statisch aktives Dehnen in aktiver Spannung [AT] - alle Freiwilligen wurden in zufälliger Reihenfolge den Interventionen unterzogen - Sprungkraft wurde mit dem Bosco-Test bewertet - mit Sprungtest wurden bewertet: Kniebeugen-Sprung, Gegenbewegungssprung (CMJ), Elastizitätsindex (EI) und Fallsprung - davor und danach wurde, um Unterschiede zwischen Dehnübungen zu vergleichen, eine intragruppenübergreifende statische sowie

		eine interfraktionelle Analyse durchgeführt
Ergebnisse	- Laufzeit der Probanden ohne Dehnung zuvor: 6:51 ± 0:28 min. - Laufzeit der Probanden mit Dehnung: 7:04 ± 0:32 min. - signifikante Wechselwirkung zwischen Bedingungen und Zeit bei Muskelaktivierung - keine Veränderung der Muskelaktivierung bei den Probanden ohne Dehnung: vor 91,3 ± 11,6 mV bis nach 92,2 ± 12,9 mV - Muskelaktivierung stieg bei Probanden mit Dehnung: vor 91,0 ± 11,6 mV bis nach 105,3 ± 12,9 mV - signifikante Bedingung-Zeit-Interaktion für GCT ebenfalls vorhanden - GCT ohne Dehnung unverändert: vor 211,4 ± 20,8 ms bis nach 212,5 ± 21,7 ms - GCT mit Dehnung erhöht: vor 210,7 ± 19,6 ms bis nach 237,21 ± 22,4 ms - wie bei GCT, war auch bei Messung der Flexibilität die Werte mit Dehnung erhöht - Flexibilität ohne Dehnung: vor 33,5 ± 2 bis nach 35,2 ± 2 - Flexibilität mit Dehnung: vor 33,1 ± 2 bis nach 38,8 ± 2	- nur 38 der 49 Probanden konnten vollständige Datensätze zur Verfügung stellen - 11 Probanden legten nur teilweise Datensätze aufgrund von Verletzung oder Nichtteilnahme vor - Differenz zw. Messungen vor und nach dem Sprung war für jede Dehnübung positiv - für P, PNF und statisches aktives Dehnen in AT wurden statistisch signifikante Unterschiede (p < 0,05) festgestellt; jeder Wert war hierbei im Postsprungtest höher - für EI zeigte nur die "P-Intervention" signifikanten Unterschied (p = 0,046); Postwert war jedoch niedriger - signifikante Unterschiede (p < 0,05) für CMJ-Messungen traten vor allem zwischen NS und den Interventionen P, PNF, AT und PT auf; jeder Wert, besonders AT, war nach dem Dehnen höher
Schlussfolgerungen	Das statische Dehnen verringert die Leistung bei kurzen Ausdauerläufen um ca. 8%, erhöht allerdings die GCT und Muskelaktivierung. Dennoch besteht für den Athleten das Risiko einer Leistungsminderung. Dadurch wird diese Form der Dehnung, vor einem kurzen Ausdauerkampf, nicht empfohlen.	Das statisch aktive Dehnen in aktiver Spannung während des Aufwärmens wird für Explosivkraftdisziplinen empfohlen.

6 Literaturverzeichnis

Hottenrott, K. & Hoos, O. (2013). Sportmotorische Fähigkeiten und sportlichen Leistungen - Trainingswissenschaft. In Güllich, A. & Krüger, M. (Hrsg.), *Beweglichkeit und Beweglichkeitstraining*. Berlin, Heidelberg: Springer-Verlag, S. 480-483.

Hottenrott, K. & Hoos, O. (2013). Sportmotorische Fähigkeiten und sportlichen Leistungen - Trainingswissenschaft. In Güllich, A. & Krüger, M. (Hrsg.), *Koordination und Koordinationstraining*. Berlin, Heidelberg: Springer-Verlag, S. 483.

Lowery, R. P., Joy, J. M., Brown, L. E., Oliveira de Souza, E., Wistocki, D. R., Davis, G. S., Naimo, M. A., Zito, G. A & Wilson, J. M. (2014). Effects of static stretching on 1-mile uphill run performance. J. Strength Cond Res. 2014 Jan; 28(1):161-7. doi: 10.1519/JSC.0b013e3182956461. PMID: 23588487.

Pacheco, L., Balius, R., Aliste, L., Pujol, M. & Pedret, C. (2011). The acute effects of different stretching exercises on jump performance. J Strength Cond Res. 2011 Nov; 25(11):2991-8. doi: 10.1519/JSC.0b013e318212dac0. PMID: 21993032.

7 Tabellenverzeichnis